COMMENT OBTENIR UNE VRAIE *LIBERTÉ FINANCIÈRE*

COMMENT OBTENIR UNE VRAIE LIBERTÉ FINANCIÈRE

CONTENU

Chapitre 1: Que signifie la liberté financière

Chapitre 2: Réalités de l'indépendance financière

Chapitre 3: Commencez votre voyage sur la voie de la liberté financière

Chapitre 4: Conseils pour assurer la réussite d'un plan d'indépendance financière

Chapitre 5: Travailler pour atteindre l'indépendance financière

Chapitre 6: Nouvelles tendances vers la gestion financière

Chapitre 7: L'argent compte

Chapitre 8: Distinguer les besoins des besoins de la vie pour atteindre la liberté financière

Chapitre 9: Organiser vos dettes pour la liberté financière

Chapitre 10: Six façons d'enseigner aux enfants l'argent et les marchés financiers

Chapitre 11: Indépendance financière des personnes âgées

Chapitre 12: Indépendance financière et planification de la retraite

Chapitre 13: La liberté a un prix

Chapitre 14: Fixer des objectifs d'indépendance financière

COMMENT OBTENIR UNE VRAIE LIBERTÉ FINANCIÈRE

COMMENT OBTENIR UNE VRAIE LIBERTÉ FINANCIÈRE

Chapitre 1: Que signifie la liberté financière

Au XXIe siècle, les concepts de temps et d'argent sont en train d'être redéfinis. La "liberté financière", est un terme qui a pris beaucoup d'importance dans le scénario financier en évolution.

Par "liberté financière", on entend l'absence de responsabilités financières permanentes grâce à une gestion planifiée et à une répartition des actifs. Elle libère une personne d'un travail pénible en lui donnant une source de revenu stable pour la vie.

Il ne faut pas penser qu'une personne sans dette est également sans dette. Toutefois, leur gestion prudente des actifs leur permet de s'assurer que leurs dettes ne deviennent pas un fardeau, mais seulement une partie de leurs frais généraux. De cette façon, vos dettes ne font pas obstacle à vos objectifs financiers à long terme.

La liberté financière ne peut être assimilée à la richesse. Il ne faut pas oublier que l'excès de richesse nécessite une surveillance constante. À long terme, les obligations d'un homme riche ne le rendent pas "financièrement libre" au sens propre du terme.

Ainsi, la liberté financière peut être définie comme un mode de vie qui mélange les dépenses et les revenus en fonction des préférences individuelles. Cela rend la "liberté financière" plus possible et plus pratique.

La liberté financière, c'est la liberté du temps

"Le temps, c'est de l'argent", telle est la croyance générale dans le monde professionnel. Cette attitude ne laisse aucune place au temps libre. Cependant, la liberté financière a modifié cette notion de travail en permettant à une personne de profiter de ses loisirs sans entraver d'aucune manière la stabilité de ses revenus. Tout le concept de "liberté financière" repose sur des actifs et des investissements qui sont combinés au fil du temps pour générer de l'argent. Elle prend en charge les dépenses courantes et laisse à la personne le temps et l'argent nécessaires. Une personne financièrement indépendante est libérée de l'emprise de la routine du temps pour l'argent.

Atteindre la liberté financière

Pour comprendre la "liberté financière", il faut s'éloigner des concepts traditionnels de revenus et de dépenses.

On nous a enseigné que le travail en temps voulu rapporte de l'argent. La "liberté financière" s'oppose à ce concept qui consiste à échanger du temps contre de l'argent et à laisser l'argent travailler pour nous. Toutefois, malgré cet avantage, de nombreux professionnels ont du mal à travailler sans routine fixe.

Par conséquent, pour atteindre la liberté financière, il faut changer ses anciennes mentalités et développer une nouvelle attitude pour gagner de l'argent. Il faut se rendre compte que l'argent n'est que le moyen d'atteindre une fin.

Il faut aussi se rappeler qu'une personne ne peut être jugée sur l'argent qu'elle possède. Si ces idées fausses ne sont pas dissipées, l'objectif de la liberté financière sera vaincu, car la satisfaction est le mot clé de la liberté financière.

De même, il faut aussi se débarrasser de l'attitude négative à l'égard de l'argent. Si une demande excessive de richesse rend difficile une relation saine avec les finances, une perception saine de l'argent est nécessaire pour maintenir un équilibre excessif. N'oubliez pas que l'on gagne de l'argent pour atteindre des objectifs et qu'il est donc sain et normal de gagner de l'argent tant que l'on ressent un besoin éthique de le faire.

En fin de compte, on peut dire que la liberté financière est l'état d'esprit qui travaille au développement par un processus d'auto-libération.

Chapitre 2: Réalités de l'indépendance financière

L'indépendance est un état d'être que tout être vivant s'efforce d'atteindre et de maintenir à jamais. Dès qu'un enfant met les pieds à l'école, on lui fait comprendre que les connaissances qu'il acquiert à partir de ce moment lui permettent d'utiliser son intelligence, de façonner son propre avenir.

Lorsqu'on vit avec ses parents, on a tendance à tenir beaucoup de choses pour acquises. Une fois que vous commencez à gagner votre vie, vous êtes confronté à deux aspects diaboliques : l'indépendance financière et la responsabilité.

Il ne suffit pas de gagner de l'argent. De nombreux facteurs interviennent lorsqu'une personne décide (parfois avec arrogance) de se séparer de sa famille et d'emménager dans sa propre maison. Il est vrai que maintenant, vous n'avez plus à réfléchir à deux fois avant d'acheter cette paire de chaussures supplémentaire ; après tout, il n'y a plus de parent qui attend à la maison pour regarder le paquet dans votre main.

Mais il faut penser à la facture d'électricité qui doit être payée la semaine prochaine, à la facture de téléphone qui semble maintenant avoir atteint un niveau astronomique, et aux autres dépenses qui doivent être payées. L'argent gagné en dehors des heures de travail semble être oublié.

En économie, on apprend qu'un pays ne se développe que grâce à l'investissement. Et l'investissement est le résultat direct de l'épargne.

De même, dans le cas d'un individu, sa situation financière s'accroît grâce à l'épargne. Une partie de cette épargne peut être investie dans des actions et des obligations. Et comme les urgences et les accidents ne surviennent pas avant les remorques, il faut s'assurer de la sécurité en matière d'assurance maladie et autres.

En Inde, les femmes dépendent financièrement des hommes depuis longtemps : d'abord en tant que fille de leur père, ensuite en tant qu'épouse de leur mari, et enfin en tant que mère de leurs enfants.

Si cela leur a épargné le souci de gagner leur vie, cela a aussi eu ses inconvénients. Une femme maltraitée par son mari est incapable de le quitter et de subvenir à ses besoins. Même après le divorce, elle est à la merci de son mari pour l'entretien de ses enfants.

Mais avec les temps qui changent, la femme indienne moderne sait comment gagner sa vie. Le pouvoir de l'argent ne manipule plus sa vie.

Vivre aux dépens des autres entraîne le mépris de soi et le ridicule. Par conséquent, chacun devrait œuvrer à l'indépendance financière.

Chapitre 3: Commencez votre voyage sur la voie de la liberté financière

Pour atteindre la stabilité financière et la sécurité dans la vie, il faut planifier et travailler dur au fil du temps. Mais pour vous faciliter un peu la tâche, voici les caractéristiques les plus importantes et les plus éprouvées qui pourraient vous aider à atteindre vos objectifs financiers.

La santé, c'est la richesse (prenez soin de vous)

Cela peut sembler sans importance, mais c'est très pertinent. Une bonne santé garantit non seulement que vous avez la vigueur physique et psychologique nécessaire pour relever et surmonter les défis de votre vie, mais aussi que vous serez là pour savourer la réussite de vos rêves.

Faites donc des examens réguliers chez votre médecin, faites de l'exercice régulièrement et adoptez une alimentation saine. Et commencer tôt. Moins vous êtes prudent maintenant, plus il vous sera difficile de vous rattraper plus tard.

Définissez votre vision

Définir votre vision de votre travail et de votre vie est crucial pour votre réussite. Que voulez-vous? Est-ce l'indépendance financière, être votre propre patron, plus de sécurité pour votre famille, une solide rampe de lancement pour vos enfants ? Quoi qu'il en soit, vous devez toujours avoir votre vision en point de mire.

Renforcez la vision et votre rôle de nombreuses façons et, en cas de difficultés, faites appel à elle pour vous guider et vous réconforter.

Investissez votre argent à bon escient

Même si votre revenu de base doit provenir de votre emploi actuel, ne vous limitez pas à cela. Vous devriez essayer d'augmenter vos revenus en investissant votre argent de manière judicieuse et rentable. Vous pourriez financer ou créer une entreprise qui vous passionne ; sinon, vous pourriez investir dans des options de marché sûres.

Économisez votre argent

Une bonne façon de construire une base financière solide est d'adopter l'ancienne mentalité d'épargne. Conservez régulièrement un certain pourcentage de vos revenus pour l'épargne et mettez cet argent de côté chaque mois, chaque fois que vous recevez des fonds ou que vous êtes payé.

Un moyen pratique d'éviter les achats compulsifs et le piège d'une mauvaise gestion budgétaire est de toujours penser à payer d'abord votre compte d'épargne. Cela permet d'éviter des dépenses inutiles et de couvrir les imprévus qui pourraient survenir. Bien que les intérêts sur un compte d'épargne soient inférieurs à ceux de certains autres investissements, la mise de côté de l'épargne est l'option la plus sûre.

Trait de pouvoir - Dépensez votre argent à bon escient

Différenciez vos dépenses et évitez les étrangers. Avant tout achat, demandez-vous si vous en avez vraiment besoin. Vous seul pouvez répondre à cette question, mais vous devez être fidèle à vous-même et à votre vision de l'indépendance financière.

Chapitre 4: Conseils pour assurer la réussite d'un plan d'indépendance financière

Même si vous avez établi un ensemble de plans financiers pour vous-même, qu'il s'agisse d'investissements sur le marché, d'immobilier ou de retraite, vous devez essayer de coordonner ces plans afin de maximiser vos revenus.

Pour vous aider à y parvenir, voici les 7 étapes cruciales de la planification financière qui vous permettront d'atteindre vos objectifs, dans les délais requis, avec des avantages fiscaux et un risque minimal:

1) Réserves de liquidités d'urgence: Mettez toujours de côté 3 à 6 mois de votre salaire sur un compte sur lequel vous pouvez retirer de l'argent à court terme sans encourir de pénalités. Pour toute dépense imprévue à court terme, essayez d'éviter d'utiliser des cartes de crédit et utilisez plutôt cet argent.

2) Gestion des risques: L'assurance est la forme la plus sûre de gestion des risques. Par conséquent, assurez votre voiture, votre maison et d'autres biens importants. Vous pouvez également envisager de souscrire une assurance vie pour compenser la perte de revenus et rembourser vos dettes en cas de décès. Pendant que vous finalisez votre option d'assurance, choisissez toujours le type d'assurance qui correspond à vos besoins et déterminez le montant de la couverture nécessaire qui vous est abordable.

3) Planification successorale: Les caractéristiques de base d'un plan successoral sont un testament et une procuration durable pour assurer vos soins médicaux et financiers. Pour les grandes successions, vous pouvez également avoir besoin d'une fiducie vivante, de fiducies matrimoniales et de fiducies résiduaires de bienfaisance. Elles garantissent que votre patrimoine est entretenu et transmis aux générations futures.

4) Définition des objectifs: C'est le cadre de coordination de votre plan financier. Chaque fois que vous recevez une offre d'investissement, référez-vous à vos objectifs financiers globaux. Demandez-vous si elle est propice ou productive et si elle correspond à vos objectifs. Cet engagement envers vos objectifs vous aidera à rester concentré sur le long terme.

5) Investissements: Vous devez disposer d'un plan d'investissement personnalisé pour atteindre vos objectifs et maintenir l'élément de risque dans les limites que vous jugez acceptables. Sans cela, vos investissements seront soumis aux caprices de l'économie plutôt que d'être guidés par vos exigences.

6) Plans de retraite: Les revenus qui complètent votre sécurité sociale proviendront de régimes à cotisations et prestations définies. Au cours de votre vie professionnelle, essayez de verser le plus grand nombre possible de cotisations annuelles à ces régimes à cotisations définies. Ces fonds croissent rapidement grâce au report d'impôt et, comme ils proviennent directement de votre salaire, ils sont relativement indolores.

7) Planification fiscale : Cela signifie qu'il faut profiter de toutes les déductions fiscales possibles et de tous les régimes d'imposition différée que la loi vous autorise, et utiliser les crédits d'impôt partout où vous y avez droit. Un bon plan fiscal peut vous faire économiser des milliers de dollars en impôts.

Si vous estimez ne pas pouvoir gérer tout cela par vous-même, faites appel aux services d'un conseiller financier ou d'un coach financier rémunéré pour concevoir un plan complet en fonction de vos actifs et de vos besoins.

N'oubliez pas: Votre sécurité financière dépend de la bonne coordination de ces différentes étapes pour créer de la richesse.

Chapitre 5: Travailler pour atteindre l'indépendance financière

Beaucoup d'entre nous peuvent parler d'indépendance financière, mais la question est de savoir combien d'entre nous y parviennent réellement.

Très peu d'entre nous savent comment élaborer un plan solide et encore moins sont capables d'être disciplinés dans l'exécution de ce plan. Soyez prudent et envisagez un programme de gestion de l'argent qui vous aidera à devenir financièrement indépendant.

Tout type de planification financière commence par une bonne gestion de l'argent. En élaborant votre plan, veillez à travailler sur deux aspects importants. Premièrement, il faut trouver le fonds qui soutiendra vos projets et deuxièmement, obtenir l'argent prévu de manière à ce que vos objectifs soient atteints.

Cet argent vous aidera à conserver les opportunités qui sont importantes pour vous. Vous pourriez être un peu surpris de constater que chacun d'entre nous a mis en place une sorte de gestion de l'argent. Il existe plusieurs méthodes pour assurer une bonne gestion de l'argent. Il est important que vous ayez une approche organisée du plan et que vous tiriez le meilleur parti possible de l'argent. Concentrez-vous sur l'identification de vos dépenses afin de savoir exactement combien investir.

Si vous vous fixez un objectif, cela vous donnera une raison d'investir. Vos plans peuvent se chevaucher, alors soyez conscient que vos objectifs peuvent se chevaucher.

Par exemple, votre plan de retraite peut chevaucher votre plan d'investissement et de gestion de l'argent.

Vous devriez maintenant avoir compris que la gestion de l'argent est importante pour les objectifs financiers futurs.

Veuillez vous en tenir à un plan de gestion financière réaliste. Réfléchissez à la manière dont vous obtiendriez ces fonds. Vos objectifs doivent être précis. Priorisez vos objectifs pour faciliter le chemin.

Nous sommes souvent trompés par quelques idées préconçues comme celle de vivre le moment présent. Nous ne réalisons pas qu'un avenir nous attend. Il est important d'avoir une approche organisée.

Si vous n'avez pas une approche organisée, vous risquez de vous retrouver dans une situation difficile.

Vous devriez payer des taxes supplémentaires. Vous vous exposeriez inutilement à des risques financiers.

Manque de fonds pour l'enseignement supérieur de vos enfants. Vieillissement dangereux dû à un manque de planification

Et ce serait tout le contraire si un plan organisé de gestion de l'argent était établi au bon moment. Le meilleur résultat d'une bonne gestion de l'argent est de pouvoir faire face aux dépenses à court et à long terme.

Chapitre 6: Nouvelles tendances vers la gestion financière

L'insécurité économique augmente rapidement dans le cœur des personnes qui, confrontées à la possibilité d'une quasi-faillite en raison de l'augmentation du coût de la vie et du manque d'emplois bien rémunérés, concentrent leur attention sur des alternatives, sur le marché, qui les aideront à subvenir à leurs besoins et à ceux de leur famille.

C'est pourquoi beaucoup d'entre eux recherchent une source de revenus secondaire ou prévoient des mesures de sécurité, pour les soutenir en cas d'urgence financière, comme la perte de leur emploi.

D'autres, qui souffrent déjà aux mains des tendances sociales, essaient désespérément de joindre les deux bouts et cherchent une occasion de relancer leur carrière. Il y en a aussi d'autres qui, suivant les directives du marché, ont réussi à accumuler de l'argent et essaient de profiter de leur bonne passe, en espérant que leurs années futures seront sûres.

Services à forte demande

C'est pourquoi il est très important de choisir le bon type et la bonne profession.

Qu'il s'agisse d'une entreprise de type "sit at home" ou d'une entreprise de terrain rigoureuse, rien d'autre n'assure le succès que sa demande sur le marché, même en pleine crise économique à grande échelle.

Comme le monde d'aujourd'hui est entièrement régi par les pouvoirs de la

technologie, en particulier l'ordinateur, avoir un emploi qui vous permet de contrôler les maux de votre métier, comme l'usurpation d'identité et les problèmes informatiques généraux, est un moyen sûr de réussir.

Tout comme pour les voitures, les gens les utilisent tous les jours, mais ils ne savent pas comment les entretenir et les contrôler. Ainsi, lorsque les choses tournent mal avec les ordinateurs, quelle que soit la situation, ils seront très demandés.

Les meilleures chances de succès

Ainsi, si toute personne ayant un peu de chance et de recherche peut réussir, les personnes ayant une expérience dans les services d'information, la vente et la publicité, ou celles qui sont amateurs ont une chance garantie de succès.

Les possibilités sont encore plus favorables pour les petites entreprises individuelles, puisqu'elles peuvent utiliser ces produits sur leur site web pour gagner plus d'argent.

Où chercher

Si vous êtes à la recherche d'une victoire saine, la meilleure option pour vous est de vous associer à une entreprise solide et réputée, qui vous aidera à maximiser vos profits et à vous mettre sur la voie d'un avenir sûr et économique. Mais avant de vous associer, analysez les plans de remboursement et les systèmes de soutien de l'entreprise afin d'obtenir la meilleure et la plus sûre des offres de cette société.

Chapitre 7: L'argent compte

Avec l'augmentation rapide du coût et du niveau de vie, la faillite devient un phénomène assez courant - prêts, frais de carte de crédit, honoraires, etc. Si vous ne savez pas comment gérer vos finances et que le stress s'accumule, vous commencerez peut-être à penser que la faillite est la seule solution.

Il est important de comprendre que cela doit être votre dernier recours. Avant cela, vous devriez essayer les services de conseil et de gestion des cartes de débit et une meilleure gestion du budget.

Vous pouvez également consulter les plans de règlement des dettes et voir s'ils vous conviennent. Faites appel à un conseiller pour vous aider à trouver des choses. Mais n'oubliez pas qu'un plan de règlement de la dette ne vous donnera qu'un répit. Ce ne sera pas réel et cela fera disparaître tous vos problèmes.

Vous devriez trouver un conseiller ayant suffisamment d'expérience. Obtenir des références de personnes que vous connaissez est une bonne idée. Le conseiller en matière de dettes négociera avec vos prêteurs afin de réduire vos frais et vos taux d'intérêt.

Ensuite, il vous aidera également à consolider toutes vos dettes en un seul montant. Ainsi, vous n'avez pas à vous soucier de la gestion de vos paiements. Vous n'aurez à payer qu'un seul montant dû. Il vous aidera à mettre de l'ordre dans vos documents et vos demandes. Tout cela peut vous aider à retrouver votre situation financière dans un laps de temps relativement court.

Bien sûr, il y a des conditions minimales pour entrer dans le programme. Si vous bénéficiez du programme, votre budget mensuel sera barré et une somme d'argent sera mise de côté pour vos paiements. Systématiser les choses vous aidera à vous remettre sur la bonne voie.

Si vous en avez assez de payer les factures qui s'accumulent devant vous, il est temps de repenser un peu votre vie. L'inscription au programme ci-dessus est une bonne première étape. Elle vous donnera une nouvelle orientation positive dans votre vie.

Il est essentiel de bien gérer vos prêts et si vous ne pouvez pas le faire vous-même, vous ne devez pas hésiter à demander de l'aide. Il est important de bien faire ces choses, si vous ne voulez pas mettre en péril tout ce qui vous tient à cœur.

La gestion de l'argent est une compétence très importante. Il faut apprendre à économiser et à planifier un budget dès le début de la vie. Faites attention aux étapes avant de devoir apprendre ces leçons à la dure.

Mais si vous avez des ennuis, n'hésitez pas à faire appel à un conseiller en endettement. Ils vous donneront un plan pour vos besoins spécifiques et personnalisés. Choisissez votre plan avec sagesse.

L'un des plans les plus populaires peut vous remettre sur pied, financièrement, en cinq ans seulement.

Mais n'oubliez pas que vous devez vouloir vous sortir des problèmes et rester en dehors de ceux-ci.

Vous devez être fermement déterminé à maintenir vos finances en ordre et à ne pas faire des folies pour des choses que vous ne pouvez pas vous permettre en fin de compte.

Si vous avez une seconde chance dans votre vie financière, ne la gaspillez pas. Apprenez à être prudent en matière d'argent avant qu'il ne soit trop tard.

Chapitre 8: Distinguer les besoins des besoins de la vie pour atteindre la liberté financière

La liberté et la sécurité financières découlent d'une réglementation judicieuse de vos besoins et de vos désirs.

L'argent offre une sécurité, mais il vous enlève aussi toute sécurité s'il est dépensé à mauvais escient. Pour faire face à ce paradoxe, il est nécessaire de comprendre et de suivre les différences fondamentales entre les besoins et les désirs dans la vie.

Il est important de gérer l'argent de manière à ne pas devoir mendier et emprunter à quelqu'un d'autre quand il y a une pénurie. Ces situations peuvent être évitées si vous pouvez éviter certains luxes dans la vie et vous concentrer plutôt sur l'épargne pour répondre aux besoins fondamentaux de la vie.

Si vous n'avez pas assez d'argent pour mener une vie normale et confortable, vous finirez par mener une vie inhibée et désagréable. Vous finirez également par faire un mauvais travail, ce qui vous rendra malheureux et insatisfait. S'il n'y a pas de sécurité dans votre vie, vous deviendrez également moins actif dans votre vie. Elle vous empêchera également de faire ce que vous voulez vraiment faire dans la vie, limitant vos options et restreignant votre mode de vie.

Les luxes de la vie peuvent être largement évités tant que les besoins de base sont présents. Le luxe est un ajout et peut attendre un certain temps tant que nous avons assez d'argent dans nos poches.

Cela peut sembler restrictif pour beaucoup de gens. Ils pourraient même faire valoir qu'il n'est pas logique d'attendre un avenir fantastique alors que vous avez de l'argent pour satisfaire tous vos besoins et désirs. Tout d'abord, vous devez comprendre que l'argent ne peut rien vous garantir dans la vie.

L'argent n'est pas une fin en soi. Il appartient à chacun de gérer l'argent de manière judicieuse pour satisfaire ses fins. Vous devez être strict avec votre argent et le dépenser uniquement pour des choses dont vous ne pouvez pas vous passer.

Cette logique s'applique non seulement aux adultes, mais aussi aux étudiants et aux enfants. La valeur de l'argent doit être perçue dès le plus jeune âge afin que le monde entier ne tourne pas autour de l'argent. Il y a d'autres choses dans la vie qui ne sont pas seulement de l'argent.

Si vous savez exactement ce que vous voulez et ce que vous voulez devenir dans la vie, vous pouvez travailler à l'obtenir et à en tirer profit. Une fois que vous êtes financièrement sûr et indépendant, vous pouvez vivre votre vie comme vous le souhaitez.

Cela ne signifie pas que vous menez une vie de luxe en dépensant de l'argent pour des choses non désirées. En tenant compte de la différence entre les désirs et les objectifs, vous pouvez mener une vie pleine et sans entrave.

Chapitre 9: Organiser vos dettes pour la liberté financière

Les dernières données publiées par la Réserve fédérale, l'organisation qui suit et enregistre toutes les affaires monétaires aux États-Unis, révèlent que les Américains doivent plus de deux mille milliards de dollars sur leurs cartes de crédit et que la dette totale de chaque personne dans le pays s'élève à plus de sept mille dollars.

Ces chiffres stupéfiants concernant les dettes liées aux cartes de crédit aux États-Unis vont forcément toucher tout le monde. Quelles sont donc les solutions disponibles? Vous pourriez commencer par suivre les suggestions ci-dessous, qui vous aideront à gérer efficacement vos responsabilités financières : Organisez votre dette en cours - Commencez par faire le point sur toutes les obligations renouvelables que vous avez. Cela inclut toutes vos cartes de crédit et de débit. Comptabilisez et enregistrez vos dettes en fonction des échéances de paiement, des factures, etc. La comptabilisation des taux d'intérêt applicables permet de calculer le montant exact que vous devez.

Il est important de connaître le taux d'intérêt de vos dettes mensuelles, car il s'agit du coût permanent que vous supportez chaque mois par rapport à vos dettes en cours. Il est donc avantageux pour vous de pouvoir rembourser le prêt en appliquant le taux d'intérêt le plus élevé dès que possible.

Donc, lorsque vous effectuez des paiements, essayez d'envoyer le plus possible au prêteur ayant le taux le plus élevé, même si cela signifie qu'il ne vous reste que les paiements minimums dus sur le reste. Ainsi, une fois

que la dette ayant le taux d'intérêt le plus élevé a été remboursée, vous pouvez suivre la même politique pour le prêt ayant le taux d'intérêt suivant le plus élevé.

Négociez pour obtenir des taux d'intérêt plus bas - essayez de maintenir un historique de paiement impeccable, puis appelez ou rencontrez vos prêteurs et demandez-leur de baisser votre taux d'intérêt. Comme il est coûteux pour les prêteurs de trouver de nouveaux clients, si votre solvabilité est avérée, ils essaieront toujours de vous garder.

Par conséquent, la plupart des prêteurs seront redevables aux clients en règle de bénéficier des taux réduits. Toutefois, une fois qu'ils acceptent de baisser votre taux, assurez-vous de payer vos factures à temps ; sinon, ils peuvent retirer la facilité et augmenter à nouveau le taux d'intérêt applicable.

Utilisez des espèces quand vous le pouvez - Comme il est beaucoup plus facile d'utiliser une carte que de transporter de l'argent liquide ou de faire des chèques, la plupart d'entre nous prennent l'habitude d'utiliser des cartes même si elles entraînent des frais. Essayez donc de cultiver l'habitude de faire un chèque et de payer en liquide plutôt que d'utiliser instinctivement la carte de crédit.

Gardez toujours à l'esprit qu'un achat par carte de crédit n'est pas un cadeau mais un prêt. Soyez donc bien conseillé lorsque vous utilisez la carte : préférez ne pas l'utiliser du tout si vous ne pouvez pas en assumer la responsabilité.

N'oubliez pas qu'il vaut mieux ne pas dépenser pour tout que de dépenser tellement que cela commence à vous faire du mal.

Si vous pouvez organiser vos finances, minimiser vos coûts et les rendre proportionnels à vos revenus, vous serez sûr de mettre de l'ordre dans le financement de votre tournée et d'éviter tout problème à l'avenir. Si vous y réfléchissez bien, la liberté financière n'est pas un travail si difficile, et elle vaut bien tous les efforts.

Chapitre 10: Six façons d'enseigner aux enfants l'argent et les marchés financiers

Si vous envisagez d'apprendre à votre enfant à gérer l'argent, le meilleur moyen est de commencer à rembourser vos dettes rapidement. Quand l'argent compte, les enfants doivent avoir une expérience de première main. S'ils le font, ils comprendront ce qu'il faut pour faire l'échange.

Si votre enfant veut quelque chose de vous, au lieu de l'acheter, donnez-lui l'argent. Vous devez comprendre qu'il est important que votre enfant sache comment gérer l'argent.

Lorsqu'un enfant atteint un certain âge, vous devez vous rendre compte de ses penchants et le laisser gérer l'argent tout seul. Laissez l'enfant acheter ses propres besoins de base, comme les fournitures scolaires. Mais assurez-vous que l'enfant connaît ses limites. En tant qu'aidant familial, vous devez garder un œil attentif sur ses activités.

L'étape suivante consisterait pour vous, en tant que tuteur, à établir un budget pour vos enfants. Les enfants, quel que soit leur âge, ont la possibilité de tenir un carnet dans lequel ils peuvent noter l'argent dont ils disposent et celui qu'ils ont dépensé.

Assurez-vous que vos enfants connaissent leurs objectifs futurs et il est de votre devoir de veiller à ce qu'ils les atteignent.

Au fur et à mesure que votre enfant grandit et mûrit, ouvrez-lui un compte d'épargne - vous serez surpris de voir à quel point cela

peut être formidable ! C'est très satisfaisant de voir les intérêts composés s'additionner. Faites un effort supplémentaire et montrez à votre enfant comment le compte se développe. Et lui montrer que s'il continue à le faire, comment sera le compte après quelques années.

Faites-lui jouer un rôle important lorsque vous effectuez un achat important, comme un lave-vaisselle ou une voiture. Faites-lui savoir que la quantité de recherche nécessaire à un nouvel achat Le processus de comparaison et de négociation des remises est important et vous l'apprendrez. Assurez-vous que votre enfant est avec vous le jour même de l'achat.

Vos enfants seront privilégiés s'ils ont un don pour le monde des affaires. Augmenter la valeur du stock et, avec le temps, s'ils commencent à en posséder, elle pourrait s'améliorer. La hausse et la baisse des prix seraient intéressantes pour les jeunes investisseurs. Nous leur devons donc une totale liberté.

Chapitre 11: Indépendance financière des personnes âgées

Le programme de prêts hypothécaires inversés lancé par le gouvernement a été une bénédiction pour de nombreuses personnes âgées. Ce plan, qui permet aux personnes âgées de 62 ans et plus d'échanger une partie de la valeur nette de leur maison contre de l'argent non imposable et qui n'a pas à être remboursé de leur vivant, leur permet de mener une vie pleine et sans contrainte, même si la majeure partie du pays est en proie à des dépenses croissantes dans tous les domaines de la vie.

En outre, les effets de ces dépenses sont multipliés lorsqu'il s'agit de la génération plus âgée, car celle-ci doit faire face non seulement aux impôts fonciers, mais aussi aux dépenses générales telles que la santé et le ménage.

Ainsi, cela finit par rendre la vie des personnes âgées tout sauf détendue et paisible.

Les impôts fonciers de plus en plus élevés deviennent un fardeau pour ces personnes âgées. Elle est particulièrement problématique pour les professionnels retraités pour lesquels deux mois d'épargne correspondent à un petit montant d'impôt dû.

Ce problème fiscal est en train de devenir la cause du départ d'un grand nombre d'entre eux dans la vingtaine et la trentaine en raison de leur incapacité à payer. C'est là que la Kaye Financial Corporation, l'une des principales sociétés de crédit hypothécaire du

Michigan, a été d'un grand secours pour ces personnes âgées.

Étant donné que la plupart de ces personnes sont obligées de survivre avec un certain montant de revenu donné, elles sont obligées de faire des compromis sur des facteurs importants dans leur vie pour payer les loyers des maisons.

Mais maintenant, grâce à ce nouveau système de prêt hypothécaire inversé, ils peuvent utiliser l'argent supplémentaire pour vivre pleinement, sans se soucier de savoir comment obtenir des ressources pour survivre, même après la retraite.

Cela est d'autant plus avantageux que l'argent est fourni en fonction des besoins de la personne. Il peut être envoyé dans son intégralité en quantité massive, une fois par mois, ou en petites quantités si nécessaire.

Ainsi, il devient avantageux pour chacun en fonction de ses besoins.

En outre, comme la plupart des prêts sont interdits aux personnes âgées, le prêt inversé est une nouvelle rassurante pour elles, car il n'y a aucune condition de revenu, de santé ou d'âge pour en faire la demande. Ainsi, ces programmes procurent aux personnes âgées un sentiment de bien-être, de liberté et de sécurité.

En outre, ils peuvent utiliser l'argent de ce plan de prêt hypothécaire inversé pour payer les impôts, le loyer, les factures et d'autres dépenses telles que l'hypothèque, afin de pouvoir vivre une vie sans engagements. On peut donc dire que le plan d'hypothèque inversée est alors la meilleure chose qui pouvait arriver à ces personnes âgées, car elles pourront désormais continuer à vivre leur vie dans toute la mesure de leurs souhaits.

Chapitre 12: Indépendance financière et planification de la retraite

L'indépendance financière est essentielle pour nous tous après la retraite. Nous voulons tous une vie confortable et détendue dans nos vieux jours. Malheureusement, la plupart d'entre nous ne peuvent pas avoir le genre de vie qu'ils voulaient après avoir quitté leur travail, simplement par manque d'argent.

Dans plusieurs situations, les gens doivent continuer à travailler même après la retraite, simplement pour subvenir à leurs besoins fondamentaux. Les circonstances malheureuses auraient pu être différentes avec une certaine quantité de préparation et d'investissement prudents et faciles.

Ces points peuvent vous permettre d'avoir l'indépendance financière et la vie que vous vouliez à un âge plus avancé.

1. La position à laquelle vous aspirez à la fin: N'oubliez pas que la partie essentielle de tout plan de vieillissement consiste à déterminer la position que vous souhaitez occuper dans la dernière partie de la vie. La plupart d'entre nous n'ont aucune idée de la vie qu'ils souhaitent mener dans la vieillesse, et nous nous lançons donc dans des projets de vieillesse sans avoir un objectif mental précis en tête.

2. Liste de souhaits: Tout comme vous ne conduisez pas une voiture sans avoir une idée de l'endroit où vous voulez aller, ne planifiez pas sans réfléchir. Lorsque vous souscrivez à un régime de retraite, indiquez tous ceux que vous souhaitez avoir après avoir quitté votre travail. Indiquez le type de résidence que vous souhaitez, le type de voiture que vous souhaitez, le type de vie que vous souhaitez, etc. Ne manquez rien. Notez tout jusqu'au moindre détail.

3. gardez la feuille de papier dans un endroit plus accessible: De cette façon, vous pouvez le voir autant que possible. Ce processus permettra de fixer progressivement les objectifs que vous vous êtes fixés pour la retraite et la vieillesse sur le plan mental. Ensuite, vous formerez progressivement des concepts pour atteindre ces objectifs simplement en les voyant et en les possédant mentalement.

4. Calculer l'argent nécessaire pour atteindre les objectifs: Calculer le montant du financement nécessaire pour réaliser les objectifs. Ensuite, recherchez les actifs et les politiques d'investissement qui peuvent vous y mener. Je vous propose de prendre connaissance de tous les plans de retraite et de prévoyance vieillesse. Vous serez alors en parfaite maîtrise de l'avenir.

La plupart d'entre nous confient les différents aspects de nos plans de retraite à une société de gestion de fonds. Mais vous vous en occupez vous-même. Consultez les livres qui traitent des politiques d'investissement et des moyens de gagner de l'argent.

Ces points peuvent vous aider à mener une vie financièrement libre dans vos dernières années.

Chapitre 13: La liberté a un prix

Pour toute personne qui envisage ou qui va créer une entreprise à domicile, il existe des conditions et des avertissements de base qui sont rédigés en petits caractères et sur lesquels les recruteurs potentiels ne disent jamais grand chose. Mais il est impératif que vous accordiez l'attention nécessaire à ces vérités fondamentales.

Tout d'abord, n'oubliez pas que vous devrez toujours faire des sacrifices. Vous devrez dépenser de l'argent, du temps et de l'énergie pour faire démarrer une entreprise. La plupart des recruteurs déforment l'opportunité lorsqu'ils insistent sur le fait que n'importe qui peut le faire, sans parler du taux d'échec élevé.

Cela signifie que vous devrez sacrifier une partie ou la plupart du temps que vous passeriez autrement à faire les choses que vous aimez ou en compagnie de vos amis et de votre famille. Cela entraînera sans aucun doute du stress et du ressentiment et vous devez vous préparer à l'avance à en gérer les conséquences.

En outre, vous aurez besoin d'une énergie supplémentaire, au-delà de votre quota habituel pour votre travail, votre famille et votre foyer, pour faire les choses nécessaires à votre entreprise. Vous devez donc puiser dans vos réserves supplémentaires : développez votre volonté de réussir et restez motivé en vous disant que tout cela en vaudra la peine à long terme.

Quant aux sacrifices financiers, il existe des moyens d'absorber progressivement le fardeau, voire de l'éliminer complètement, mais il faut d'abord mettre de l'argent de côté pour faire avancer les choses.

La stratégie consiste à pouvoir considérer ces sacrifices comme quelque chose de positif et de productif. Il faut donc être optimiste et les considérer comme des investissements pour votre avenir et votre indépendance.

Considérez les avantages de la prudence et de la force : ne vous laissez pas décourager par les premiers échecs, mais apprenez-en. Vous pouvez faire de vos sacrifices et de vos échecs le fondement de votre succès.

Votre succès est ce que vous faites et vous donnez à vous-même. Vous pouvez considérer cela comme votre récompense, comme quelque chose qui a déjà été fait en votre nom, mais votre rôle est de le mériter, de le faire vôtre. Alors, allez-y et cherchez le succès qui vous attend pour y parvenir. Il y aura des moments où vous serez mis à l'épreuve, mais vous devrez serrer les dents, serrer les poings et presser. Dans des moments comme celui-ci, il suffit de fermer l'esprit à tous les éléments négatifs et d'insister pour garder à l'esprit votre objectif et votre vision. Tout cela est beaucoup plus facile à dire qu'à faire, mais c'est aussi le long et difficile chemin qui mène au succès.

Chapitre 14: Fixer des objectifs d'indépendance financière

La première chose à faire pour gérer votre argent est d'avoir un objectif financier. La nouvelle année est un moment idéal pour vous aider à prendre des décisions importantes. C'est le moment de revoir vos objectifs financiers. Vos objectifs vous aideront à progresser sur le plan financier.

Vous devriez avoir quelque chose pour quoi travailler chaque jour. Vous devez avoir un budget planifié et utiliser ces objectifs que vous avez fixés comme feuille de route. Ces objectifs financiers contribuent à vous motiver et à vous encourager à épargner. Sans un plan adéquat, il est difficile d'aller

quelque part, il est donc important d'être bien dirigé.

Si vous n'avez pas d'objectif financier, vous ne pourrez jamais atteindre l'indépendance financière. Vous devez mettre le doigt sur les choses que vous devez réaliser. Faites une liste des choses que vous voulez. Votre liste peut commencer par la première étape consistant à être sans dette ; vous pouvez continuer à devoir en ouvrant un compte de retraite, en épargnant suffisamment pour parrainer une maison pour vous-même et pour d'autres besoins fondamentaux.

Ne laissez pas tout cela vous empêcher de mettre par écrit tout ce que vous voulez et voulez inclure dans votre planification financière. Si vous êtes à la recherche de nouveaux meubles ou d'un voyage en Europe, incluez-le aussi.

Ce sont des objectifs financiers qui sont réalisables. Veillez à bien hiérarchiser vos souhaits. Vous devez vous rendre compte que le désendettement est de la plus haute urgence, alors qu'un tour d'Europe peut attendre.

Il y a certains objectifs sur lesquels nous travaillons constamment, et d'autres qui attendent que certains objectifs soient atteints avant de pouvoir être exécutés. Il est important de fixer des contraintes de temps pour la réalisation des objectifs.

Par exemple, il peut s'écouler environ 25 ans avant que vous ne preniez votre retraite, et vous voudriez donc être débarrassé de vos dettes dans environ 6 ans. Travaillez avec sagesse pour atteindre vos objectifs. N'oubliez pas que vous êtes toujours prêt à les changer.

Votre prochaine étape consistera à décomposer vos objectifs en objectifs à court terme. Lorsque nous divisons une grande tâche en petites étapes, cela nous aide à mieux les accomplir. Cela rend la tâche plus facile. Voyons comment cela pourrait fonctionner pour nous sortir de l'endettement. Nous devons accomplir une tâche à la fois.

Succès et prospérité!

Visitez notre site web! Obtenez d'autres livres de MENTES LIBRES!

https://www.amazon.fr/MENTES-LIBRES/e/B08274DDV4?ref_=dbs_p_ebk_r00_abau_000000

Si vous le souhaitez, vous pouvez laisser votre commentaire sur ce livre en cliquant sur le lien suivant afin que nous puissions continuer à nous développer! Merci beaucoup pour votre achat!

https://www.amazon.fr/dp/B08993VPVJ

www.ingramcontent.com/pod-product-compliance
Lightning Source LLC
Chambersburg PA
CBHW071120240526
45465CB00022B/731